Petit monde vivant

Les mers tropicales

Kelley MacAulay et Bobbie Kalman

Traduction : Marie-Josée Brière

Les mers tropicales est la traduction de *Tropical Oceans* de Kelley MacAulay et Bobbie Kalman (ISBN 0-7787-1322-9).
© 2006, Crabtree Publishing Company, 612 Welland Ave., St.Catherines, Ontario, Canada L2M 5V6

Catalogage avant publication de Bibliothèque et Archives nationales du Québec et Bibliothèque et Archives Canada

MacAulay, Kelley

    Les mers tropicales
    (Petit monde vivant)
    Traduction de : Tropical oceans.
    Pour enfants de 6 à 10 ans.

    ISBN 978-2-89579-182-9

1. Biologie marine - Régions tropicales - Ouvrages pour la jeunesse.
2. Mer - Régions tropicales - Ouvrages pour la jeunesse. I. Kalman, Bobbie, 1947-   .
II. Titre. III. Collection: Kalman, Bobbie, 1947-   . Petit monde vivant.

QH95.59.M3314 2008   j578.770913   C2007-942481-3

Recherche de photos
Crystal Foxton

Illustrations
Barbara Bedell : pages 14 (zooxanthelles), 20 (toutes, sauf l'arrière-plan) et 21 (murène et plancton)
Katherine Kantor : pages 20 (arrière-plan) et 21 (arrière-plan)
Vanessa Parson-Robbs : page 21 (oursin et poisson-cardinal)
Bonna Rouse : page 17 (en haut)
Margaret Amy Salter : pages 14 (loupe), 16, 17 (en bas) et 21 (loupe, pieuvre et zostère marine)

Photos
AP/Wide World Photos : page 28
Photo reproduite avec la permission de la Great Barrier Reef Marine Park Authority : page 31
SeaPics.com : Doug Perrine : pages 12 et 13 ; Jeremy Stafford-Deitsch : page 23
© John Thompson : page 29
Autres images : Corel, Digital Stock, Digital Vision, Photodisc et Weatherstock

Nous reconnaissons l'aide financière du gouvernement du Canada par l'entremise du Programme d'aide au développement de l'industrie de l'édition (PADIÉ) pour nos activités d'édition.

Conseil des Arts du Canada   **Canada Council for the Arts**

Bayard Canada Livres Inc. remercie le Conseil des Arts du Canada du soutien accordé à son programme d'édition dans le cadre du Programme des subventions globales aux éditeurs.

Dépôt légal – 1er trimestre 2008
Bibliothèque nationale du Québec
Bibliothèque nationale du Canada

Direction : Andrée-Anne Gratton
Traduction : Marie-Josée Brière
Graphisme : Mardigrafe
Révision : Johanne Champagne

© Bayard Canada Livres inc., 2008
4475, rue Frontenac
Montréal (Québec)
Canada H2H 2S2
Téléphone : (514) 844-2111 ou 1 866 844-2111
Télécopieur : (514) 278-3030
Courriel : edition@bayard-inc.com

Imprimé au Canada

Table des matières

Où sont les mers tropicales ?

Il y a sur la Terre cinq grands océans : l'océan Pacifique, l'océan Atlantique, l'océan Indien, l'océan Arctique et l'océan Antarctique. Ce sont de vastes étendues d'eau salée, qui couvrent plus des trois quarts de la surface de la planète. Certaines zones du Pacifique, de l'Atlantique et de l'océan Indien se trouvent sous les tropiques. Les tropiques, ce sont les régions chaudes de la Terre situées près de l'équateur, entre le tropique du Cancer et le tropique du Capricorne. C'est là que se trouvent les mers tropicales, dont l'eau est chaude.

Beaucoup, beaucoup d'eau !

Le Pacifique est le plus grand et le plus profond des océans. Sa profondeur moyenne est d'environ 4 300 mètres, et il couvre près de 166 millions de kilomètres carrés ! L'Atlantique suit, avec une superficie approximative de 80 millions de kilomètres carrés et une profondeur de plus de 3 300 mètres à la plupart des endroits. L'océan Indien arrive en troisième place : il couvre environ 73 millions de kilomètres carrés et a une profondeur moyenne d'à peu près 3 900 mètres.

La végétation tropicale

Les mers tropicales baignent une partie du **littoral** de tous les **continents**, sauf l'Antarctique. Près de l'équateur, ces continents sont couverts surtout de **forêts pluviales** tropicales. Le climat y est chaud et humide à peu près toute l'année. Dans les forêts pluviales, il pleut presque tous les jours !

Les zones qui se trouvent près du tropique du Cancer et du tropique du Capricorne sont couvertes en bonne partie de prairies tropicales qu'on appelle des « savanes ». Il y fait toujours chaud, mais l'année se divise en deux saisons bien distinctes : un long hiver sec, et un été court et humide.

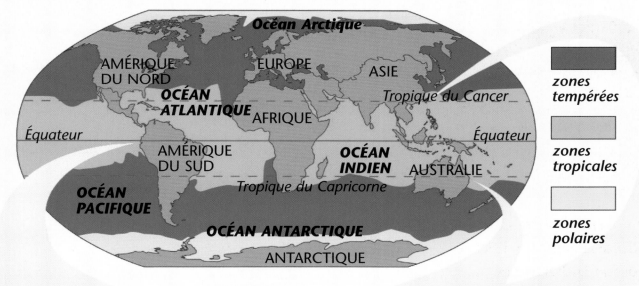

Océan Arctique

AMÉRIQUE DU NORD — EUROPE — ASIE

OCÉAN ATLANTIQUE — AFRIQUE

Tropique du Cancer

Équateur — Équateur

AMÉRIQUE DU SUD — OCÉAN INDIEN — AUSTRALIE

Tropique du Capricorne

OCÉAN PACIFIQUE

OCÉAN ANTARCTIQUE

ANTARCTIQUE

zones tempérées

zones tropicales

zones polaires

Plus de la moitié des plantes et des animaux de la Terre vivent dans les forêts pluviales tropicales.

Il y a très peu d'arbres dans les savanes tropicales. Les animaux y trouvent de l'herbe et des buissons.

5

Une eau claire en surface

Comme il fait soleil toute l'année sous les tropiques, la surface des mers y est chaude et bien éclairée. Les parties plus profondes des mers tropicales restent cependant froides et sombres en permanence. La couche qui sépare les eaux chaudes de la surface et les eaux froides des profondeurs s'appelle la « thermocline ». Dans les mers tropicales, les **éléments nutritifs** dont les organismes vivants ont besoin sont emprisonnés sous la thermocline.

Ces éléments nutritifs, en particulier l'**azote** et le **phosphore**, sont essentiels à la croissance des minuscules plantes vertes qui constituent le phytoplancton. On ne trouve donc pas beaucoup de phytoplancton dans les couches de surface des mers tropicales, puisque ces éléments nutritifs y sont rares. C'est pourquoi les mers tropicales sont bleu clair.

L'eau des mers tropicales apparaît bleu clair parce qu'elle ne contient pas de minuscules plantes vertes.

Peu d'organismes vivants

Puisque les mers tropicales ne contiennent pas beaucoup de phytoplancton, très peu d'animaux peuvent y vivre. En effet, le phytoplancton sert d'aliment à des animaux minuscules, qui se font manger à leur tour par des animaux plus gros. La série d'organismes vivants qui mangent les autres ou qui se font manger compose ce qu'on appelle une « chaîne alimentaire ». Toutes les chaînes alimentaires marines dépendent du phytoplancton. S'il n'y en a pas, les animaux n'ont pas assez à manger pour survivre en grand nombre.

Les animaux ne trouvent pas beaucoup de nourriture dans les eaux claires des mers tropicales.

Les zones tempérées

Beaucoup de plantes et d'animaux vivent toutefois dans les zones tempérées des océans, là où les saisons changent au fil de l'année. En été, il s'y forme une thermocline parce que le soleil chauffe les couches d'eau du dessus. En hiver, cette thermocline disparaît lorsque l'eau de surface refroidit. Quand l'eau est aussi froide dans les couches de surface que dans les couches plus profondes, riches en éléments nutritifs, toutes ces couches se mélangent. Ce brassage fait remonter les éléments nutritifs près de la surface, ce qui permet à beaucoup de plantes et d'animaux de se nourrir. En revanche, comme les mers tropicales ne sont jamais refroidies pendant l'hiver, les éléments nutritifs y demeurent emprisonnés en profondeur toute l'année.

Beaucoup de plantes poussent dans les zones tempérées des océans. Elles donnent à l'eau une teinte bleu foncé ou verte.

La vie au large

Quelques espèces de plantes et d'animaux vivent dans les eaux profondes des mers tropicales, dans les secteurs situés au **large**. Beaucoup de ces espèces survivent en suivant les courants d'eau froide et d'eau chaude pour trouver leur nourriture. Les courants sont comme des rivières d'eau qui coulent dans les océans.

Les courants chauds

Les courants océaniques chauds coulent des zones tropicales vers les zones tempérées et polaires. Certains animaux des zones tropicales suivent ces courants jusqu'aux zones tempérées, où il y a plus de nourriture. Un de ces courants chauds, le Gulf Stream, coule dans l'océan Atlantique. Il prend naissance dans les Antilles et remonte ensuite la côte est des États-Unis et du Canada. Les courants chauds bougent très vite. Le Gulf Stream, par exemple, se déplace à une vitesse d'environ 5 à 8 kilomètres à l'heure. Il est beaucoup plus chaud que les eaux qui l'entourent. À certains endroits, les courants chauds créent des remous, c'est-à-dire des poches d'eau chaude qui se déplacent lentement. Les animaux des mers tropicales se nourrissent dans ces remous pendant de courtes périodes.

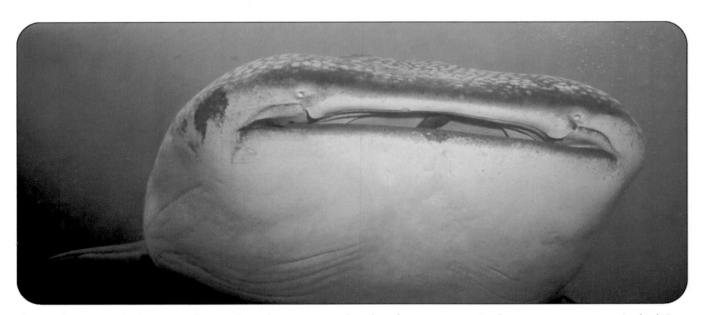

Les animaux qui vivent au large dans les eaux profondes des mers tropicales, comme ce requin-baleine, doivent se déplacer constamment pour trouver de la nourriture. Le requin-baleine nage la bouche ouverte pour attraper les minuscules plantes en suspension dans l'eau.

Les courants froids

Les courants froids coulent des zones polaires et tempérées vers les zones tropicales. C'est le cas par exemple du courant de Humboldt, aussi appelé « courant du Pérou ». Comme tous les courants froids, il se déplace lentement : il parcourt à peine 1,6 kilomètre par heure. Il se forme dans l'océan Antarctique et poursuit sa route dans le Pacifique, le long des côtes du Chili et du Pérou.

Des eaux riches

Comme les courants froids sont riches en éléments nutritifs, beaucoup d'animaux des mers tropicales s'y nourrissent. La plupart de ces animaux ne peuvent toutefois pas survivre longtemps dans des eaux aussi froides. Ils restent donc en bordure de ces courants, où l'eau est un peu plus chaude.

De nombreuses espèces de baleines et de dauphins, comme ce globicéphale noir (en haut) et ce dauphin à gros nez (en bas), se nourrissent dans les eaux du courant de Humboldt.

9

Des communautés pleines de vie

Le corps des polypes coralliens ressemble à un tube muni d'une bouche à une extrémité. Cette bouche est entourée de tentacules couverts de cellules urticantes appelées « cnidoblastes ». Les polypes attrapent leur nourriture à l'aide de ces cellules.

Les mers tropicales abritent les écosystèmes les plus riches des océans : les récifs coralliens. Un écosystème, c'est une communauté de plantes et d'animaux, ainsi que l'endroit où ils vivent. Les récifs coralliens sont d'énormes structures sous-marines qui se forment uniquement près des côtes. Pour qu'un de ces récifs puisse se constituer, les eaux doivent être à environ 21 °C. Les récifs coralliens sont composés de coraux. Bien des gens croient que les coraux sont des pierres ou des plantes, mais ce sont en réalité des colonies d'animaux minuscules qu'on appelle des « polypes ».

Le corps des polypes

Il existe deux sortes de coraux : les coraux durs et les coraux mous. Pour se protéger, les polypes qui composent les coraux durs se fabriquent un squelette rigide avec du carbonate de calcium, une substance qu'ils trouvent dans l'eau de mer. Les polypes des coraux mous ne possèdent pas de squelette. Seuls les coraux durs forment des récifs.

Les coraux durs, comme ce corail-cerveau, forment des récifs.

Des couches superposées

Quand les polypes coralliens meurent, ils laissent leur squelette derrière eux. De nouveaux polypes se forment sur les squelettes ainsi abandonnés. Avec le temps, les couches de squelettes s'accumulent et finissent par constituer une structure d'apparence rocheuse : c'est un récif corallien. Seule la surface de ce récif est peuplée de polypes vivants.

Les différents types de récifs

On trouve dans les mers tropicales trois différents types de récifs coralliens : les récifs frangeants, les récifs-barrières et les récifs annulaires, ou « atolls ». Tous commencent à l'état de récifs frangeants et se transforment en barrières sur des milliers d'années, avant de devenir finalement des atolls. On voit sur ces photos comment les récifs coralliens se forment et évoluent avec le temps.

île

récif

Les récifs frangeants

La plupart des récifs coralliens sont des récifs frangeants, qui se développent le long des côtes des îles tropicales récemment formées. Ces îles naissent lorsqu'un volcan fait éruption sous l'eau et que sa **lave** se répand sur le plancher de l'océan. En refroidissant, cette lave durcit. Elle s'accumule, éruption après éruption, et finit par dépasser la surface de l'eau. C'est maintenant une île. Avec le temps, un récif frangeant apparaît dans les eaux peu profondes qui entourent cette île. La plupart des coraux des récifs frangeants se trouvent sur le front de ces récifs, c'est-à-dire le côté qui fait face au large.

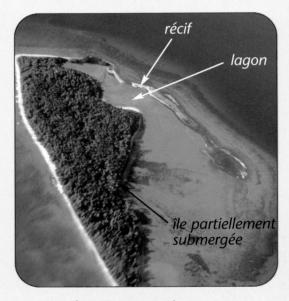

récif

lagon

île partiellement submergée

Les récifs-barrières

En grossissant, le récif frangeant ajoute beaucoup de poids à l'île. Avec le temps, l'île commence à caler sous ce poids supplémentaire. Il se forme alors des zones inondées appelées « lagons » entre le récif et la partie de l'île qui n'est pas encore submergée. Le récif porte maintenant le nom de « barrière ».

Les atolls

Lorsque l'île a complètement disparu sous l'eau, le récif devient un atoll. Il ne reste plus qu'un anneau de terre au-dessus de la surface de l'eau. Le récif a tellement grossi qu'il est recouvert de terre. L'atoll prend une forme circulaire – la même que le récif qui entourait l'île autrefois. Un grand lagon se forme au centre du cercle.

terre couvrant le récif

lagon

L'île est maintenant sous l'eau.

Les îles volcaniques

Toutes les îles des mers tropicales sont soit de nouvelles îles volcaniques, soit des atolls, qui sont les restes d'anciennes îles volcaniques. Il se forme une île volcanique quand le sommet d'un volcan sous-marin s'élève au-dessus de la surface de l'eau. Ce volcan peut être actif, assoupi ou éteint. Les volcans actifs sont ceux qui ont fait éruption dans un passé récent. Les volcans assoupis n'ont pas fait éruption depuis longtemps, mais ils pourraient reprendre leur activité. Les volcans éteints n'ont pas fait éruption depuis des centaines d'années et risquent peu de recommencer. La plupart des îles des mers tropicales sont issues de volcans éteints.

Le plus gros volcan actif au monde, le Mauna Loa, se trouve sur l'île tropicale d'Hawaï. Cet énorme volcan couvre plus de la moitié de l'île! Sa dernière éruption remonte à 1984.

Des échanges constants

Sauf dans les récifs coralliens, les mers tropicales contiennent très peu de nourriture. Bon nombre des animaux qui vivent dans ces récifs doivent donc entretenir des relations symbiotiques pour subsister. Une relation symbiotique, c'est une relation d'entraide entre divers organismes vivants. Celle qui unit les polypes coralliens et les zooxanthelles est une des plus importantes dans la nature. Les zooxanthelles sont de minuscules algues qui vivent sous la peau des polypes. Elles utilisent des éléments nutritifs contenus dans les déchets des polypes pour réaliser un processus appelé « photosynthèse », par lequel elles fabriquent leur propre nourriture en se servant de l'énergie du soleil. Au cours de cette photosynthèse, les zooxanthelles libèrent des éléments nutritifs dans le corps des polypes coralliens. Grâce à ces échanges d'éléments nutritifs, les polypes et les zooxanthelles s'aident les uns les autres à survivre. Leur présence permet au récif corallien de grossir, et de fournir à son tour de la nourriture et un abri à beaucoup d'autres animaux.

zooxanthelles

Un travail d'équipe

Toutes les plantes et tous les animaux des récifs coralliens sont liés par des relations symbiotiques. Les plantes aquatiques ont besoin d'azote et de phosphore pour pousser, mais il n'y en a pas beaucoup dans les mers tropicales. Ces éléments nutritifs sont toutefois présents dans les eaux qui entourent les récifs coralliens, parce que les déchets des nombreux animaux qui y vivent en contiennent. C'est ainsi que les plantes aquatiques peuvent pousser et servir ensuite de nourriture aux poissons.

Les récifs coralliens abritent beaucoup d'organismes vivants, car les éléments nutritifs y sont recyclés par les échanges entre les plantes et les animaux.

Des résidents passagers

Certains animaux migrent des mers tempérées vers les mers tropicales. Ils parcourent ainsi de grandes distances pour changer de milieu de vie pendant un certain temps. Chez les rorquals à bosse, par exemple, les femelles migrent vers les mers tropicales pour avoir leurs petits. C'est parce qu'on trouve dans ces eaux très peu d'animaux qui mangent des baleineaux.

Des repas de géants

Avant leur migration d'automne, les femelles baleines mangent autant qu'elles le peuvent dans les eaux tempérées. Elles ne se nourriront pas quand elles seront dans les mers tropicales. Elles survivront grâce à la graisse entreposée dans leur corps. Quand les baleineaux naissent, ils boivent le lait de leur mère. Au printemps, les mères baleines retournent avec leurs petits dans les eaux tempérées.

Sur la plage

Les tortues de mer s'éloignent elles aussi, à certaines périodes, des mers tropicales où elles vivent normalement. Elles vont pondre leurs œufs sur une plage. Elles s'y rendent généralement la nuit, pour éviter de se faire voir des prédateurs. En s'aidant de leurs nageoires, elles rampent dans le sable pour faire leur nid et pondre leurs œufs. Quand elles trouvent un endroit humide sur la plage, les tortues creusent un trou à l'aide de leurs nageoires arrière. Elles déposent ensuite leurs œufs dans ce nid. Selon les espèces, les femelles peuvent pondre de 50 à 150 œufs. Après les avoir recouverts de sable, elles retournent à la mer.

Après la ponte, la femelle tortue de mer retourne à la mer. Elle laisse ses œufs derrière elle.

La course vers l'océan

Les petites tortues grossissent à l'intérieur de leur œuf pendant 45 à 70 jours. Après l'éclosion, les minuscules bébés tortues grimpent hors du nid et rampent jusqu'à l'océan. Pendant ce périple, beaucoup se font manger par des prédateurs, par exemple des crabes et des oiseaux. Une fois dans l'eau, les bébés s'éloignent rapidement à la nage. Certains finissent par atteindre des récifs coralliens, où ils s'installent et se nourrissent.

Les bébés tortues de mer sont minuscules. Leur périple vers l'océan est donc difficile et dangereux.

La Grande Barrière

Le requin-marteau est un des plus grands requins qui vivent dans les eaux entourant la Grande Barrière.

La Grande Barrière est le plus gros récif corallien au monde. Elle s'étend sur 2 300 kilomètres, au large de la côte nord-est de l'Australie. La Grande Barrière se compose en fait de plus de 3 400 petits récifs. Elle abrite des milliers d'espèces d'animaux aquatiques, qui vivent dans ses innombrables cavités. Les eaux qui entourent cet immense récif grouillent de prédateurs à la recherche de nourriture.

La Grande Barrière est la plus grande structure sur Terre composée d'organismes vivants.

Pour rester en vie

Les animaux de la Grande Barrière ont différentes façons d'échapper aux prédateurs. Certains ont sur le corps des motifs de camouflage, par exemple des rayures ou des taches. Ces motifs empêchent les prédateurs de voir clairement où commence et où finit le corps de ces animaux. D'autres, comme les pieuvres, peuvent changer de couleur pour se confondre avec les coraux qui les entourent. D'autres encore sont vivement colorés, ce qui avertit les prédateurs qu'ils sont toxiques. Enfin, d'autres ont un petit corps très mince, qui leur permet de se faufiler dans les crevasses du récif.

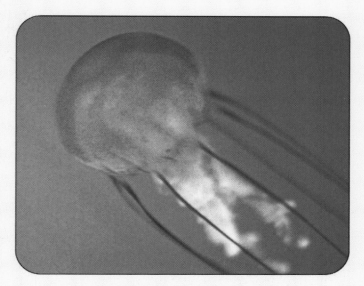

Les méduses sont nombreuses dans les eaux bien éclairées qui entourent la Grande Barrière. Leur corps est translucide, ce qui veut dire qu'on voit au travers. Les prédateurs ont donc de la difficulté à les voir.

tentacule
d'anémone

Les anémones ont des tentacules urticants qui éloignent les prédateurs. Les poissons-clowns ont toutefois le corps couvert d'une couche visqueuse qui leur permet de vivre en sécurité parmi ces tentacules.

Les réseaux alimentaires

On retrouve plusieurs chaînes alimentaires autour des récifs coralliens des mers tropicales. Une chaîne alimentaire complète se compose d'un **carnivore**, d'un **herbivore** et de nombreuses plantes. Quand un animal d'une chaîne alimentaire mange des plantes ou un animal d'une autre chaîne, ces deux chaînes alimentaires s'entrecroisent pour former un réseau alimentaire. On voit ici un réseau alimentaire diurne dans la Grande Barrière, tandis que le dessin de la page 21 représente un réseau alimentaire nocturne au même endroit. Les flèches pointent vers les organismes vivants qui mangent les différents éléments de ces réseaux.

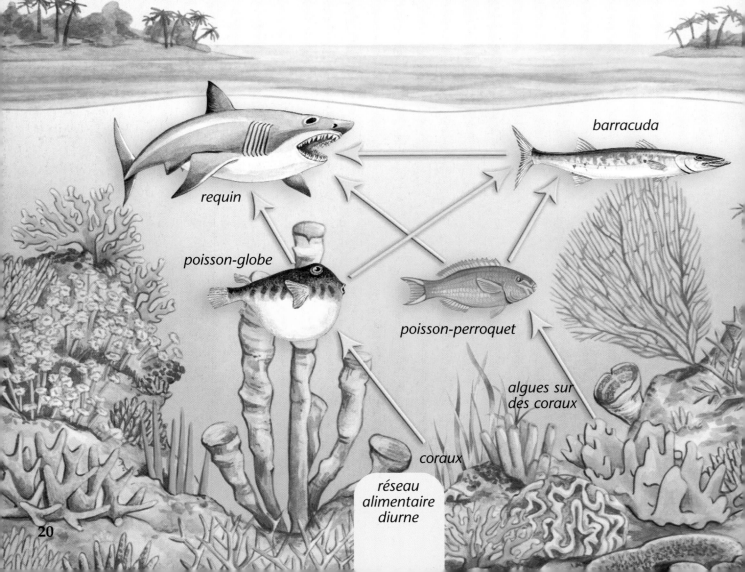

barracuda

requin

poisson-globe

poisson-perroquet

algues sur des coraux

coraux

réseau alimentaire diurne

Le jour et la nuit

Les réseaux alimentaires dans les récifs coralliens ne sont pas les mêmes le jour et la nuit parce que les animaux qui composent ces réseaux ne sont pas actifs aux mêmes moments. Certains de ces animaux sont diurnes, et d'autres sont nocturnes. Les animaux diurnes chassent pendant la journée et se reposent la nuit, bien à l'abri dans le récif. Les animaux nocturnes, eux, chassent la nuit et se cachent le jour pour se reposer.

pieuvre

murène

plancton

poisson-lime gribouillé

éponge tubulaire

poisson-cardinal

oursin

zostère marine

réseau alimentaire nocturne

Dans la mangrove

La mangrove est formée en majeure partie d'arbres appelés « palétuviers », qui poussent sur les côtes des mers tropicales ou à proximité. Ces palétuviers peuvent supporter des conditions difficiles, dans lesquelles la plupart des arbres ne survivraient pas. Par exemple, ils peuvent pousser en partie dans l'eau salée, contrairement à la majorité des autres espèces végétales. De plus, contrairement aux autres arbres qui ont généralement besoin d'un sol contenant beaucoup d'**oxygène**, les palétuviers poussent dans la boue, où il y en a peu. Leurs racines assimilent cet oxygène, avec lequel les arbres fabriquent ensuite leur propre nourriture.

Des solutions aériennes

Certaines espèces de palétuviers ont des racines aériennes, au-dessus du sol, qui leur permettent de respirer. Comme ces racines ne sont pas enfouies dans le sol, elles absorbent l'oxygène présent dans l'air. D'autres espèces ont des racines couvertes d'une **membrane** grâce à laquelle elles filtrent l'eau de mer qui entre dans leurs racines, pour en retirer le sel. D'autres encore absorbent à la fois de l'eau et du sel, mais libèrent ensuite le sel par leurs feuilles.

La protection des côtes

La mangrove est un élément important du littoral des mers tropicales. Les racines des palétuviers aident à prévenir l'érosion, qui se produit quand les marées emportent le sol du littoral vers la mer. L'épais enchevêtrement de racines emprisonne la boue des côtes et l'empêche ainsi de s'en aller dans l'océan. Mais ces racines ne font pas que protéger le sol ; elles abritent aussi de nombreuses espèces de plantes et d'animaux tropicaux. Les poissons trouvent souvent refuge dans la boue qui y est emprisonnée et y élèvent leurs petits. Dans ces pouponnières, les jeunes poissons peuvent grandir en sécurité.

Une nourriture abondante

Les palétuviers représentent aussi une importante source de nourriture pour de nombreux animaux. Leurs feuilles mortes tombent dans l'eau qui les entoure et y ajoutent des éléments nutritifs. Ces nutriments supplémentaires attirent de nombreuses espèces de poissons, de crabes, de vers et de méduses dans le secteur. Des oiseaux comme les aigrettes, les ibis blancs, les hérons et divers pinsons vivent aussi dans les branches des palétuviers.

Beaucoup d'animaux trouvent un abri et une nourriture abondante dans l'enchevêtrement de racines sous-marines des palétuviers.

Des tempêtes tourbillonnantes

œil

Il se forme souvent au-dessus des mers tropicales de violentes tempêtes appelées « ouragans », qui peuvent atteindre des centaines de kilomètres de diamètre et se déplacer à des vitesses allant de 24 à 32 kilomètres à l'heure. Les ouragans ne peuvent naître que dans les zones tropicales. En effet, il leur faut, pour se développer, des eaux à une température d'au moins 27 °C sur une épaisseur d'au moins 50 mètres. Ces tempêtes peuvent durer une semaine ou plus parce qu'elles prennent de la force au contact des eaux chaudes au-dessus desquelles elles se forment.

Au commencement...

Au départ, les ouragans sont de simples orages accompagnés de vents d'environ 60 kilomètres à l'heure. En s'amplifiant, ces vents forment un tourbillon appelé « cyclone ». Ils se déplacent autour d'un point central qu'on appelle l'« œil » de la tempête, et qui fait généralement de 30 à 60 kilomètres de diamètre. Souvent, la tempête est particulièrement violente autour de cet œil, mais tout est calme à l'intérieur de l'œil lui-même.

Vers la terre ferme

Les ouragans soufflent parfois vers les îles et les côtes des continents. Ils se dissipent toutefois rapidement quand ils touchent terre. Ils perdent de l'énergie parce qu'ils ne sont plus en contact avec les eaux chaudes qui les alimentaient. Ils peuvent quand même détruire en un rien de temps des villes et des villages situés près du littoral. Les vents violents jettent par terre des arbres et des immeubles.

Les ouragans créent parfois des ondes de tempête qui peuvent inonder et endommager les plages. Cela se produit lorsqu'une grande quantité d'eau de mer est aspirée dans l'œil d'un ouragan qui se rapproche de la terre. Quand la tempête atteint la terre ferme, cette eau est libérée. Chaque année, les ouragans causent des millions de dollars de dommages et tuent des centaines de personnes dans les régions tropicales.

L'ouragan Katrina

Le 29 août 2005, l'ouragan Katrina, un des plus puissants de l'histoire des États-Unis, a frappé la **côte du golfe du Mexique** et dévasté plusieurs villes de la Louisiane, du Mississippi et de l'Alabama. Lorsqu'il a atteint la côte, l'ouragan s'accompagnait de vents de 200 kilomètres à l'heure et transportait une énorme onde de tempête. Ces vents très puissants ont détruit une partie des digues qui entouraient la Nouvelle-Orléans, en Louisiane. Les digues sont des murs construits pour empêcher les eaux environnantes d'entrer dans les villes. Quand ces digues se sont brisées, l'eau de l'onde de tempête s'est engouffrée jusqu'à la Nouvelle-Orléans et a inondé presque toute la ville. Des milliers de gens, qui n'avaient pas pu partir, ont été privés d'eau et de nourriture pendant des jours. Dans les quatre États touchés, des centaines de personnes ont été tuées par la tempête, et des milliers d'autres ont perdu leur maison, leur lieu de travail ou leur école.

digue brisée

Cette image montre l'eau qui s'engouffre jusqu'à la Nouvelle-Orléans par une brèche dans une digue brisée.

Les effets d'El niño

Les incendies de forêts causés par El Niño détruisent des maisons et des terres. Ils tuent aussi beaucoup d'animaux et ravagent les endroits où ils vivent.

Quand les eaux montent, les gens doivent aller se réfugier dans des endroits plus élevés. À leur retour, ils trouvent souvent leur maison détruite par l'inondation.

Le phénomène baptisé « El Niño » est un réchauffement inhabituel des eaux de surface dans les zones tropicales de l'océan Pacifique, au large des côtes du Pérou et de l'Équateur. Ce réchauffement se produit quand les alizés changent de direction. Les alizés sont des vents qui soufflent généralement vers l'équateur, en provenance du nord-est dans l'**hémisphère Nord** et du sud-est dans l'**hémisphère Sud**.

Mauvaise direction

Normalement, en décembre, les alizés poussent les eaux tropicales d'est en ouest dans l'océan Pacifique. Ces eaux chaudes se déplacent donc de l'Amérique du Sud vers l'Australie et l'Indonésie. À peu près tous les sept ans, cependant, ces vents changent de direction, et El Niño apparaît. Les eaux chaudes de l'océan s'évaporent et forment des nuages, qui sont poussés vers la terre et donnent de la pluie en Amérique du Sud. Cette pluie supplémentaire entraîne des inondations sur ce continent, tandis que l'Australie et l'Indonésie ne reçoivent pas assez de pluie. Ces régions connaissent donc des **sécheresses** et des incendies de forêts.

El Niño modifie les conditions météorologiques partout dans le monde. En Amérique du Nord, le Canada connaît souvent des hivers plus chauds que la normale les années où ce phénomène se produit, alors que c'est tout le contraire aux États-Unis. Les températures inhabituellement froides peuvent y détruire la récolte de toute une saison, comme le montre la photo (ci-dessus) de ce citronnier couvert de glace.

Des chaînes alimentaires brisées

La plupart du temps, les eaux qui bordent les côtes d'Amérique du Sud se refroidissent en décembre, quand le vent souffle les eaux plus chaudes vers l'ouest. Ce refroidissement affaiblit la thermocline. Les eaux profondes, riches en éléments nutritifs, peuvent ainsi monter près de la surface et permettre au phytoplancton de se développer. Le phytoplancton sert de nourriture à beaucoup d'animaux herbivores, qui nourrissent à leur tour de nombreux carnivores. Cette chaîne est toutefois brisée les années où El Niño se produit. Les alizés poussent les eaux chaudes pauvres en éléments nutritifs vers les côtes, ce qui empêche les eaux profondes, plus riches, de s'élever vers la surface. Le phyto-plancton ne peut donc pas se développer ces années-là, et beaucoup d'animaux meurent de faim.

En 1998, El Niño a entraîné la disparition d'une bonne partie des anchois de la côte du Pérou. Comme les anchois sont la principale source de nourriture des otaries, des milliers d'entre elles sont mortes de faim cette année-là.

27

Terribles tsunamis!

Un tsunami est une série de vagues résultant d'un **tremblement de terre** ou d'une éruption volcanique au fond de l'océan, ce qui entraîne le déplacement d'une énorme quantité d'eau. Cette eau forme des vagues qui s'éloignent à grande vitesse de l'endroit où elles ont pris naissance : elles peuvent avoir près de 100 kilomètres de longueur et se déplacer à plus de 720 kilomètres à l'heure. Elles ne causent toutefois aucun problème au large, puisqu'elles font généralement moins de 30 centimètres de hauteur.

Des murs d'eau

En approchant des côtes, les vagues du tsunami ralentissent et prennent de la hauteur. Quand le tsunami touche terre, elles peuvent atteindre plus de 30 mètres de haut à certains endroits. Ces vagues puissantes balaient tout sur leur passage. Les **débris** qu'elles transportent causent aussi des dommages à la propriété et à l'environnement quand ils vont s'écraser contre des immeubles et des arbres.

On voit ci-dessus une immense vague de tsunami au moment où elle touche la terre ferme.

Un tsunami dévastateur

Le 26 décembre 2004, un énorme tremblement de terre sous l'océan Indien a créé un des tsunamis les plus destructeurs de tous les temps. Ce tremblement de terre était tellement fort qu'il a ébranlé la planète entière. De grandes quantités d'eau ont été déplacées, ce qui a produit à certains endroits des vagues d'une quinzaine de mètres de hauteur. Ces vagues ont déferlé sur onze pays en bordure de l'océan Indien. Les pays les plus proches de l'endroit où a eu lieu le tremblement de terre, comme l'Indonésie, ont été frappés par le tsunami en quelques minutes. Les plus éloignés, comme le Sri Lanka et l'Inde, ont été atteints à leur tour quelques heures plus tard. Le tsunami a même traversé l'océan jusqu'en Afrique, à près de 5 000 kilomètres plus loin, où il a fait d'autres victimes. Plus de 200 000 personnes ont perdu la vie au cours de cette catastrophe ; des milliers d'autres ont perdu leur maison, et ont été privées d'eau potable et de nourriture. Des pays du monde entier ont envoyé des travailleurs et des provisions pour aider les pays dévastés. Ils ont aussi donné des millions de dollars pour aider les gens à rebâtir leurs maisons et leurs communautés.

On voit sur cette photo des maisons près d'une plage, en Indonésie, avant le tsunami.

Cette photo montre le même secteur après le terrible tsunami de décembre 2004.

Des mers en difficulté

Par leur négligence, les humains peuvent entraîner la dégradation des mers tropicales. Quand les gens jettent des déchets sur les plages, par exemple, ces déchets finissent par se retrouver dans l'océan. Les marées les transportent le long des côtes, puis en haute mer. Des animaux marins meurent quand ils en mangent, en croyant que c'est de la nourriture, ou encore quand ils s'empêtrent dans ces déchets et ne sont plus capables de nager. Les marées peuvent aussi pousser des déchets vers les récifs coralliens, qui peuvent être abîmés ou dont certaines parties peuvent se détacher. Quand ces récifs sont détruits, beaucoup d'animaux des mers tropicales perdent leur habitat et les endroits où ils trouvent leur nourriture.

À la pêche

Les humains causent aussi du tort aux mers tropicales quand ils pratiquent la surpêche, c'est-à-dire qu'ils prennent trop d'animaux d'une espèce dans un secteur donné. La surpêche menace la population de cette espèce, dans ce secteur de l'océan, et laisse du même coup moins de nourriture aux prédateurs du secteur.

Les plongeurs ne sont pas toujours conscients de la fragilité des récifs coralliens. Ils peuvent les endommager en permanence simplement en y touchant. Même s'ils font attention, ils peuvent en détacher accidentellement des morceaux en battant des pieds.

Comment aider?

Bien des gens reconnaissent que les mers tropicales sont d'importants écosystèmes qu'il est important de protéger. Une des façons de le faire, c'est de créer des parcs marins. Dans ces zones protégées, le gouvernement peut empêcher les gens de polluer et restreindre les activités nuisibles comme la pêche et la navigation de plaisance.

Protéger la Grande Barrière

La majeure partie de la Grande Barrière se trouve dans un parc marin protégé, qui est géré par un groupe gouvernemental, la Great Barrier Reef Marine Park Authority. Ce groupe applique des règles visant à protéger le récif et les animaux qui y vivent. Il permet aux gens de pêcher près du récif, mais la quantité de poissons qu'ils peuvent prendre est très limitée. Le groupe s'assure également que cette pêche se fait dans une zone très étendue afin d'éviter la surpêche. Il surveille aussi le tourisme sur le récif même, en indiquant aux touristes qu'ils ne doivent pas toucher au récif, y capturer des animaux ou y prélever des coraux. En sensibilisant ainsi les touristes, le groupe aide les gens à profiter de la Grande Barrière sans lui nuire.

Ce membre de la Great Barrier Reef Marine Park Authority examine une partie du récif pour s'assurer que celui-ci n'a pas été détérioré par les touristes ou par la pollution.

Glossaire

azote Gaz incolore et inodore qu'on trouve dans l'air et dans l'eau, et dont tous les organismes vivants ont besoin pour rester en santé

carnivore Se dit d'un animal qui mange d'autres animaux

continent Une des sept grandes masses terrestres de la planète : l'Asie, l'Afrique, l'Amérique du Nord, l'Amérique du Sud, l'Europe, l'Australie et l'Antarctique

côte du golfe du Mexique Région du sud des États-Unis, bordée par le golfe du Mexique

débris Restes d'objets qui ont été brisés ou détruits

éléments nutritifs Substances dont les organismes vivants ont besoin pour rester en santé

forêt pluviale Forêt qui reçoit chaque année plus de deux mètres de pluie

hémisphère Nord Moitié de la Terre qui s'étend de l'équateur au pôle Nord

hémisphère Sud Moitié de la Terre qui s'étend de l'équateur au pôle Sud

herbivore Se dit d'un animal qui mange des plantes

large Partie de l'océan située loin des côtes

lave Roche liquide bouillante qui remonte des profondeurs de la Terre vers la surface

littoral Terres bordant un océan ; côtes

marées Hausses et baisses successives du niveau de l'eau le long des côtes

membrane Mince couche de peau

oxygène Gaz qu'on trouve dans l'air et dans l'eau, et que les animaux et les humains doivent respirer pour vivre

phosphore Substance chimique dont tous les organismes vivants ont besoin pour vivre

sécheresse Longue période pendant laquelle il ne tombe pas ou presque pas de pluie

tremblement de terre Violente secousse dans le sol, qui entraîne souvent de la destruction

urticant Dont la piqûre ou le contact produit une démangeaison ou une sensation de brûlure

zones polaires Dans le cas des océans, les deux étendues d'eau froide (l'Arctique et l'Antarctique) situées près des pôles terrestres

zones tempérées Dans le cas des océans, portions des océans situées dans les régions où les saisons changent

Index